AF250592

LE
MANDAT IMPÉRATIF

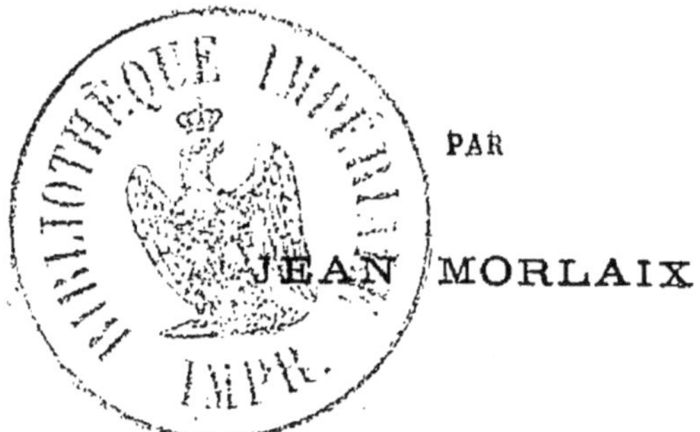

PAR

JEAN MORLAIX

25 centimes

PARIS
CHEZ MADRE, LIBRAIRE.
RUE DU CROISSANT, 22

1869

LE MANDAT IMPÉRATIF

I

Chacun a pu lire récemment, dans presque tous les journaux :

« On a essayé de réhabiliter la théorie du mandat impératif. On a répété que le député, mandataire de ses électeurs, leur restait incessamment subordonné, et qu'il devait les consulter sur ses desseins et sur ses votes. On a même ajouté qu'il était leur justiciable, que, cité devant eux, il pouvait y être jugé et condamné.

« Les députés soussignés repoussent cette prétention comme fausse et dangereuse, et ne pouvant conduire, si jamais elle s'accréditait, qu'à la tyrannie des minorités. Ils sont décidés à la combattre résolûment.

« Sans doute, ils seront toujours heureux d'entretenir avec leurs électeurs les communications amicales et les rapports confiants. Ils se considèrent comme engagés d'honneur à défendre les principes qui les unissent à eux par le lien d'une étroite solidarité. Si leur conscience les en éloignait, elle leur imposerait par cela même de faire apprécier leur conduite en déposant leur mandat; mais c'est elle seule qu'ils consulteraient. Ils n'ont ni injonction, ni ordre à recevoir.

« Le mandat impératif fausserait radilement le suffrage universel, en livrant l'élu, c'est-à-dire la majorité des électeurs, à la merci d'une minorité usurpatrice.

« Le principe électif reste seul debout au milieu des révolutions qui se succèdent. Il est désormais la seule garantie de l'ordre. Il est appelé à transformer de la base au sommet toutes les institutions du pays.

« Pour le conserver intact, il faut le dégager à la fois des compromis monarchiques qui le corrompent et des violences démagogiques qui le dégradent. »

Qui est-ce qui parlait ainsi ?

Les « violences démagogiques qui... dégradent » ressemblaient beaucoup aux « passions subversives » aux « exagérations coupables » et aux « impuissantes attaques » du dernier manifeste impérial, lequel, de l'aveu d'un journal approbateur des « violences démagogiques qui... dé-

gradent » « a le tort ou la fatalité de rap-
peler les derniers discours du trône de
Charles X et de Louis-Philippe. »

Pourtant, ces paroles qui auraient pu
être de l'empereur, n'étaient pas de l'empereur.

Etaient-ce donc les produits des candi-
datures officielles qui, rendant aux préfets
ce qui appartient aux préfets, récusaient
toute autre juridiction que celle dont ils
tenaient véritablement leur mandat?

Cela aurait été de leur part tellement
logique, que l'on aurait éprouvé une forte
tentation de le croire, si « les compromis
monarchiques qui... corrompent » n'a-
vaient enlevé à l'avance à cette hypothèse
toute espèce de probabilité.

Non, ces fières paroles, qui auraient dû
être des Arcadiens, étaient signées par
vingt-sept députés de la gauche — dont

vingt au moins se disent, et se croient probablement, républicains.

On croit rêver.

II

Quoi! ces tribuns, que les ministres de l'empire ont si souvent traités de démagogues, — et, non sans raison, à leur point de vue, puisque les dits tribuns ne se cachent guère de vouloir renverser l'empire, auquel ils ont prêté serment. Quoi! ces mêmes hommes, du haut d'une infaillibilité qu'ils refusent à tout le monde, afin de pouvoir sans doute se la réserver à eux-mêmes, venaient à leur tour jeter l'anathème sur tout ce qui s'écartait de leur orthodoxie.

Quoi! des membres d'une minorité qui,

parlant journellement de ses droits, s'é-
tonne d'en voir tenir si peu de compte,
s'indignaient maintenant à l'idée d'être
eux-mêmes en butte à « la tyrannie des
minorités usurpatrices. »

Quoi ! ces sceptiques qui, à juste droit,
haussent les épaules quand un homme
proclame ne devoir compte de ses actes
qu' « à sa conscience et à Dieu », n'en pré-
tendaient pas moins aujourd'hui ne relever
que de leur conscience toute seule —
comme si le bon Dieu de moins était une
garantie de plus contre ces défaillances,
volontairement ignorantes d'elles-mêmes,
dont les oints du peuple ne sont pas — on
en a fait l'expérience — plus à l'abri que
les oints du seigneur.

Avaient-ils donc oublié déjà que deux
d'entre eux tiennent, dans la députation
de la Seine, la place de deux ex-républi-
cains qui ne se sont doutés qu'ils étaient
devenus impérialistes, que le jour où les

électeurs, dont ils trahissaient *consciencieu-sement* le mandat, ont pu leur signifier enfin un congé que des consciences moins optimistes, auraient dû depuis longtemps s'accorder à elles-mêmes.

Les vingt-sept répondront que leurs consciences n'ont rien de commun avec celles de ces infirmes ; qu'ils sont, eux, des honnêtes gens, et que c'est les insulter...

Ta ! ta ! ta ! la chair est faible, et le pape seul — et encore la chose n'est-elle pas définitivement décrétée — est infaillible.

Les notaires sont aussi, en général, de fort honnêtes gens, et c'est jusqu'à présent le petit nombre qui lève le pied en emportant la grenouille ; mais lequel des vingt-sept voudrait cesser de maintenir révocable à toute heure la procuration générale qu'il a donnée au sien ?

III

Car tout est là.

De même que pour les plus enragés mo-
narchistes, un souverain — roi ou empereur — n'est plus qu'un notaire chargé de
faire leurs affaires, et que, en dépit de
toutes les rengaines de perpétuité et d'hé-
rédité, ils ne se font pas scrupule de cas-
ser aux gages, quand lesdites affaires sont
mal faites.

De même, qu'ils le veuillent ou non,
MM. les députés ne sont pour leurs électeurs que des surveillants nommés pour
contrôler rois et empereurs, et il n'y a
aucun motif valable de les garder s'ils ne
contrôlent pas bien.

Les vingt-sept ont-ils songé que c'est

précisément au moment où ils viennent de reconquérir — non pas le droit, ils l'ont toujours eu, mais la possibilité d'exiger à toute heure des explications et des comptes du gouvernement, qu'ils prétendent n'en devoir eux-mêmes que tous les six ans — à moins que leur conscience leur impose avant une confession générale?

Pourquoi trouvent-ils donc — avec tout le monde d'ailleurs — si grotesque certaine responsabilité auguste qui, en se proclamant bien haut, a eu soin de s'arranger de manière à ce qu'il ne fût possible de l'atteindre que... quand elle le voudrait bien?

Pour être moins auguste, leur prétention en est-elle moins... étrange?

N'est-ce pas beaucoup exiger d'un homme que de vouloir le forcer à se dire un matin, en s'éveillant :

« Parbleu! quoique je n'y aie pas encore

pensé, il pourrait bien se faire que je ne fusse au fond qu'une pure canaille qui, après avoir solennellement promis à mes électeurs de démolir... le pouvoir personnel — soyons prudent — ne travaille qu'à le faire durer, en le rendant de moins en moins intolérable. Il est vrai qu'il me va assez, attendu qu'avec quelques ronflantes paroles, je passe sous... le pouvoir personnel, pour un grand citoyen, et fais même un peu peur aux naïfs, — ce qui est toujours flatteur, — tandis que sous... autre chose — soyons de plus en plus prudent — je redeviendrais, hélas ! et c'est humiliant, le prosaïque réactionnaire que j'ai déjà été. Pourtant, ma conscience doit parler plus haut que mon intérêt. J'ai déjà gagné, il est vrai, soixante mille francs — douze mille francs par an, pendant cinq ans — à consolider le... pouvoir personnel, au lieu de préparer... autre chose, comme je m'y étais engagé; mais les douze mille francs restants... je ne pourrais

les digérer, et je vais convoquer mes électeurs, afin qu'ils me mettent honteuse-
ment à la porte, s'ils trouvent, comme
moi, que je leur ai manqué de parole. »

Avouez que ce sont là des choses qu'on
ne se dit guère à soi-même, par la raison
très-simple qu'on ne les avoue même pas,
quand elles vous sont criées par tout le
monde.

IV

Ah ! messieurs les mandataires, vous ne
voulez pas rester subordonnés à vos mandants, c'est-à-dire à vos électeurs, et vous
prétendez n'avoir pas à les consulter sur
vos desseins et sur vos votes.

Fort bien.

Mais pourquoi voulez-vous exiger, alors, du gouvernement, qui n'est même pas nommé par vous, qu'il vous demande votre avis, quand il s'agit de faire la guerre, la paix, les traités d'alliance et de commerce et... le reste?

Ah! vous vous indignez à l'idée d'être justiciables de ceux qui vous ont élus, et de pouvoir, cités devant eux, y être jugés et condamnés?

Mais d'où vient que vous vous permettez d'interpeller le gouvernement, qui n'est même pas votre élu, et que, le citant devant vous, vous prétendez le juger et le condamner?

Ah! vous n'avez ni injonctions ni ordres à recevoir de ceux par qui seuls vous êtes quelque chose et sans qui vous ne seriez rien!

Pourquoi donc exiger qu'il obéisse à

vos injonctions et à vos ordres, ce gouvernement qui existe en dehors de vous et sans vous?.

— Mais puisque de votre propre aveu, nous avons été nommés pour contrôler, nous contrôlons...

— Et si vous contrôlez mal ou pas du tout?

— Alors, notre conscience...

— *Ah! le bon billet qu'a La Châtre.*

V

Savez-vous, si — ce qu'à Dieu ne plaise, nous étions le gouvernement — ce que nous répondrions à la première des excellentes motions que vous annoncez devoir présenter, dans le courant de la session actuelle ?

Grâce à vous, nous n'aurions pas à nous mettre en frais d'imagination.

Nous vous dirions :

« On a répété que le *gouvernement*, mandataire de ses électeurs, leur restait incessamment subordonné, et qu'il devait les consulter sur ses desseins et sur ses *actes*. On a même ajouté qu'il était leur justiciable, que, cité devant eux, il pouvait y être jugé et condamné.

« Le *gouvernement* repousse cette prétention comme fausse et dangereuse, et ne pouvant conduire, si jamais elle s'accréditait, qu'à la tyrannie des minorités. *Il est* décidé à la combattre résolûment.

« Sans doute, *il sera* toujours heureux

d'entretenir avec ses électeurs les communications amicales et les rapports confiants. *Il* se considère comme engagé .d'honneur à défendre les principes qui l'unissent à eux par le lien d'une étroite solidarité. Si *sa* conscience l'en éloignait, elle lui imposerait par cela même de faire apprécier sa conduite en déposant son mandat; mais c'est elle seule qu'il consulterait. Il n'a ni injonction ni ordre à recevoir.

« Le mandat impératif — que vous voulez m'imposer — fausserait radicalement le suffrage universel, en livrant l'élu — *moi* — c'est-à-dire la majorité des électeurs, à la merci d'une minorité usurpatrice — c'est-à-dire *vous*. »

Et, en effet, devant ses huit millions de suffrages, qu'auriez-vous à répliquer, ô naïfs tribuns qui, entre vingt-sept, en pourriez aligner au plus cinq cents mille?

VI

N'espérez pas donner le change à l'opi-
nion, en faisant semblant de croire —comme vous le dites — qu'il s'agit de laisser
enlever à un député, par la minorité de
ses électeurs, le mandat qu'il tient de la
majorité.

Vous savez aussi bien que nous que les
plus chauds partisans du mandat impératif n'ont jamais rien prétendu de sem-
blable.

Tout ce qu'ils veulent,—et ils ont autant
raison de le vouloir que vous avez tort,
vous, de vous y opposer — c'est qu'un vul-
gaire intrigant ne puisse plus se faire

un marchepied de leurs votes, extorqués par un mensonge, pour faire sa fortune au lieu de faire leurs affaires ; c'est qu'ils ne soient plus exposés à rester pendant six ans représentés par un ambitieux qui, au bout de six mois, ne représente *consciencieusement* que ses propres convoitises ; c'est que celui qu'ils ont chargé de demander à toute heure des comptes au Gouvernement, ne dédaigne pas de leur en rendre à eux-mêmes quelquefois, — comme le doit tout mandataire à ses mandants — c'est enfin de pouvoir essayer de mieux placer leur confiance, dans le cas où *la majorité des électeurs* reconnaîtrait que son premier mandataire en a — consciencieusement ou non — abusé.

— Mais c'est de la défiance ! dites-vous.

— Oui, mais c'est surtout de la politique. Voilà assez longtemps que la démocratie fait de la générosité à ses dépens. Elle commence à comprendre que la Défiance est la meilleure sauvegarde de la Liberté — et, en vrais démocrates, vous ne devriez ni vous en étonner, ni essayer de l'en détourner.

VII

Tenez! si c'est sur de pareils principes que vous comptez asseoir la République que la plupart d'entre vous nous ont promise, — cette république-là, — nous n'en voulons pas.

A quoi bon donner notre sueur et notre sang pour la faire renaître, s'il nous faut vous la laisser tuer de nouveau sous l'état de siége, les expéditions de Rome et les transportations sans jugements, que *votre conscience* vous permettrait sans doute de voter encore?

Sachez que, quand on a fait des sottises, il convient d'être modestes et de ne pas le prendre de si haut avec ceux qui, sans avoir rien oublié, ont, à leurs dépens, et grâce à quelques-uns d'entre vous, beaucoup appris.

Que, quand depuis dix-huit ans, on courbe la tête sous les fantaisies d'un homme, on est mal venu à vouloir faire de la dignité devant les volontés d'un peuple — dont on a naguère, et en termes moins superbes, sollicité les suffrages.

Et qu'enfin, sous la monarchie, il ne devrait être parlé de « violences démagogiques » que par ceux qui s'arrangent des « compromis monarchiques. »

Car les vrais républicains oseront, seuls, rire désormais du *spectre rouge*, s'il se met à sortir de sa boîte à l'appel... d'autres républicains.

Paris. —Imp. Vallée, rue du Croissant, 16.